Cómo participar en la liturgia

Un libro de actividades para
los niños anglicanos-episcopales

Por Anne E. Kitch
Dibujos de Dorothy Thompson Pérez
Traducido por Oswald Pérez Martell

MOREHOUSE PUBLISHING

HARRISBURG · NEW YORK

04 05 06 07 08 09 6 5 4 3 2 1

Presentación

Con este librito ofrecemos a nuestras omunidades episcopales latinas e hispanas episcopales un recurso sencillo y práctico. Aunque nuestros fieles asisten con regularidad a la liturgia que todos juntos realizamos en el templo, con frecuencia vemos que no se conocen bien los términos apropiados de lo que hacemos ni los instrumentos y las vestiduras eclesiásticas que usamos. Creemos que el presente recurso puede ayudar en este sentido.

Es provechoso que antes de usarlo se lean las directrices que Anne Kitch, la autora del libro, indica en el apartado: Cómo usar este libro. Quiero que sepan que siempre estamos dispuestos a recibir sugerencias positivas que nos ayuden a mejorar la calidad de nuestros productos ahora y para el futuro.

Que Dios les bendiga a todos.
El Rvdo. Canónigo Anthony Guillén
Oficial para Ministerios Latinos e Hispanos

Rindiendo culto a Dios con los niños

Los niños tienen una vivencia religiosa. Llegan al templo siendo conocidos y amados por Dios, y ellos, a su vez, conocen y aman a Dios. La adoración de los niños le place a Dios.

Para los que somos adultos, es importante reconocer que los niños son seres espirituales con quienes podríamos disfrutar de una cálida conversación en vez de mirarlos como recipientes vacíos que sólo existen para llenarles de conocimientos. Este libro desea servir como un instrumento – para los padres así como para todo educador cristiano – útil para hablar con niños de dos a seis años de edad sobre lo que hacemos en la iglesia. Al igual que los adultos, los niños cuanto mejor entiendan lo que sucede en la adoración, más dispuestos estarán a participar en la misma. Las actividades contenidas en Lo que hacemos en la Iglesia buscan involucrarlo a usted y su niño al paso que se profundizan en la riqueza y poder de la adoración Episcopal.

ANNE E. KITCH
Canóniga de formación cristiana
La Catedral de la Natividad
Bethlehem, Pennsylvania

Cómo usar este libro

Este libro se divide libremente en cuatro secciones: La Misa Dominical; El Año Litúrgico; El Pueblo y la Adoración; y Adorando con Nuestros Sentidos. El objetivo de todas las actividades es el de ayudar a los niños a tomar conciencia de cómo adoramos y cómo ellos mismos pueden participar.

La mejor manera de proceder es la de entregar al niño una página a la vez en lugar de darle todo el libro para que lo coloree de una vez. Cuanta más interacción exista entre el niño y el adulto al usar este material, más abarcador será esta experiencia educativa.

Las familias

Los padres y otros miembros familiares pueden usar Lo que hacemos en la Iglesia en su hogar mientras padres e hijos, juntos aprenden sobre la adoración. Puede que usted desee completar una página de actividades con sus hijos el sábado por la tarde en preparación para la adoración, mientras hablan de lo que vivirán juntos en la iglesia al día siguiente. Después de la misa también se puede aprovechar el momento para completar una página de actividades que muestre algún aspecto de la adoración de ese día. Puede usted también escoger traer una página a la iglesia para que los niños la completen en la banca – las actividades de este libro pueden ayudar a centrar la atención en lo que está sucediendo durante la misa. Las actividades del libro buscan involucrar a los niños en la adoración, no a distraerlos de la misma.

Los educadores cristianos

Los educadores cristianos también valorarán la utilidad de este libro en el ambiente parroquial como un recurso para la escuela dominical y las liturgias con niños. Las actividades de la Adoración Dominical pueden usarse una por cada semana como actividad de grupo mientras los niños participan de la Capilla de Niños, para ayudarles a aprender más de la liturgia. Las actividades del Año Litúrgico pueden utilizarse como tarea para llevar a casa. Los maestros deben entregar a los niños la página apropiada al inicio de cada estación litúrgica para que la completen y la platiquen junto a sus familias. Cualquiera de estas actividades puede ser añadida al paquete de recursos que está a la disposición de los niños en algunas congregaciones para que la completen durante la adoración.

Los niños que no saben leer

Los niños más pequeños, que todavía no saben leer, responden con sus sentidos al mundo que los rodea. Se dan cuenta de las cosas que ven, oyen, tocan y huelen, incluso antes de que sepan nombrarlas o describirlas. Por sí mismos se entretendrán felizmente coloreando las páginas con lápices de cera o marcadores de múltiples colores. Luego pueden profundizar más cuando un adulto se sienta con ellos y les lea las páginas.

Los niños que ya saben leer

Los niños de primaria se entretendrán leyendo las páginas por su cuenta. Sin embargo, no desperdicien la oportunidad de aprender de ellos entablando una conversación sobre la adoración y sobre su iglesia.

Cada actividad en este libro pretende ser un instrumento de aprendizaje y no una prueba. Ayude a los niños a descubrir las respuestas a las preguntas. Por ejemplo, si usa la página del Adviento durante la estación de Adviento, puede pedir a los niños que miren y observen el color de las vestimentas en la iglesia, ayudándoles por su cuenta a descubrir el color de Adviento.

Bienvenidos a la iglesia

Conecta los puntos para ver una de las maneras en que damos
la bienvenida a las personas a la iglesia.

Bienvenidos a la iglesia

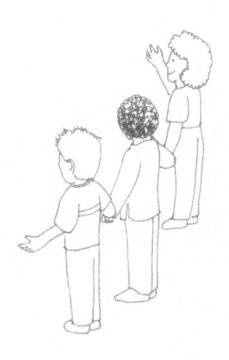

Dibújate a ti, a tu familia y a tus amigos en este cuadro.

Bienvenidos a la iglesia

Colorea al pueblo de Dios mientras salen para ir al mundo.

Sigue la senda de la adoración

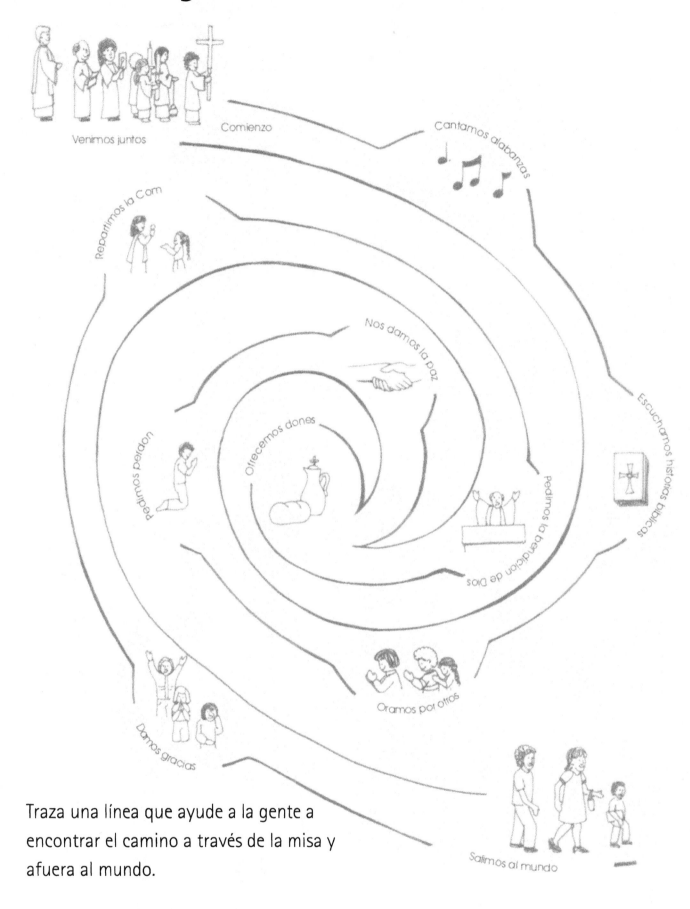

Venimos juntos

Comienzo

Cantamos alabanzas

Repartimos la Com

Nos damos la paz

Escuchamos historias bíblicas

Ofrecemos dones

Pedimos perdon

Pedimos la bendición de Dios

Oramos por otros

Damos gracias

Salimos al mundo

Traza una línea que ayude a la gente a encontrar el camino a través de la misa y afuera al mundo.

La procesión

acólitos   diácono   sacerdote   crucífero   turiferario   obispo

Haciendo juego: Traza una línea de cada palabra a la persona que corresponda en la procesión.

Canción de alabanza

Gloria a Dios en las Alturas. . . .
En las vidrieras, dos ángeles nos acompañan cantando canciones
de alabanza. Coloréalos. ¿Hay vidrieras en tu iglesia?

Lecturas

Escuchamos las lecturas de la Biblia, que son las Sagradas

_____ de Dios. En la iglesia, nos _____ para

escuchar. Escuchamos las lecturas de ambos Testamentos,

el _____ y el _____ Testamento.

Antiguo   Nuevo   sentamos   Escrituras

El Evangelio

Nos ponemos de pie para escuchar el Evangelio, que significa las Buenas Noticias. En la Biblia hay cuatro evangelios llamados: Mateo, Marcos, Lucas y Juan. Nos cuentan las historias sobre Jesús.

Los Evangelios nos cuentan historias sobre_____.

El Evangelio de L_____ nos cuenta sobre los ángeles visitando al Niño Jesús.

La palabra "evangelio" significa_____.

Uno de los Evangelios se llama J_____.

En la iglesia nos

_____ para escuchar el Evangelio.

El Evangelio más corto se llama_____.

El Evangelio de_____ nos cuenta sobre el Sermón del Monte.

El Sermón

Nos _____ para escuchar el Sermón. El (o la)
_____ nos habla más sobre las _____

sentamos   predicador(a)   Buenas Noticias

Dibuja la cara de la sacerdote y de los niños mientras escuchan el sermón.

El Credo ¡Creemos!

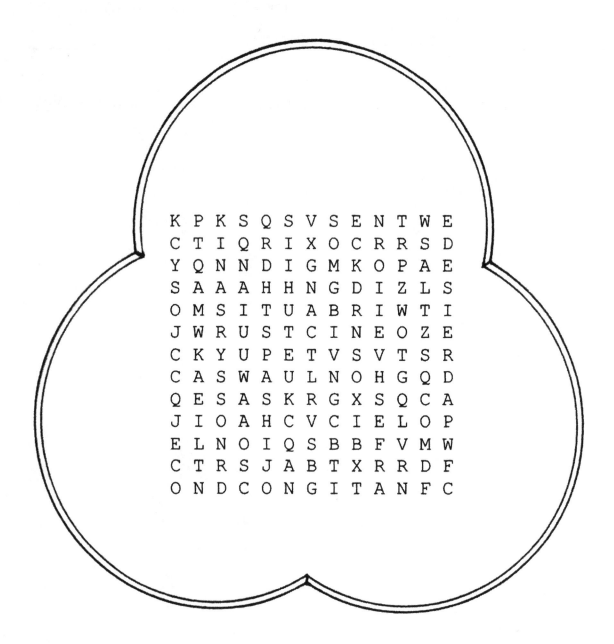

```
K P K S Q S V S E N T W E
C T I Q R I X O C R R S D
Y Q N N D I G M K O P A E
S A A A H H N G D I Z L S
O M S I T U A B R I W T I
J W R U S T C I N E O Z E
C K Y U P E T V S V T S R
C A S W A U L N O H G Q D
Q E S A S K R G X S Q C A
J I O A H C V C I E L O P
E L N O I Q S B B F V M W
C T R S J A B T X R R D F
O N D C O N G I T A N F C
```

Encuentra y circula las palabras.

Dios	Espíritu Santo	Cielo
Padre	Jesús	Iglesia
Hijo	Vida	Bautismo

Las oraciones

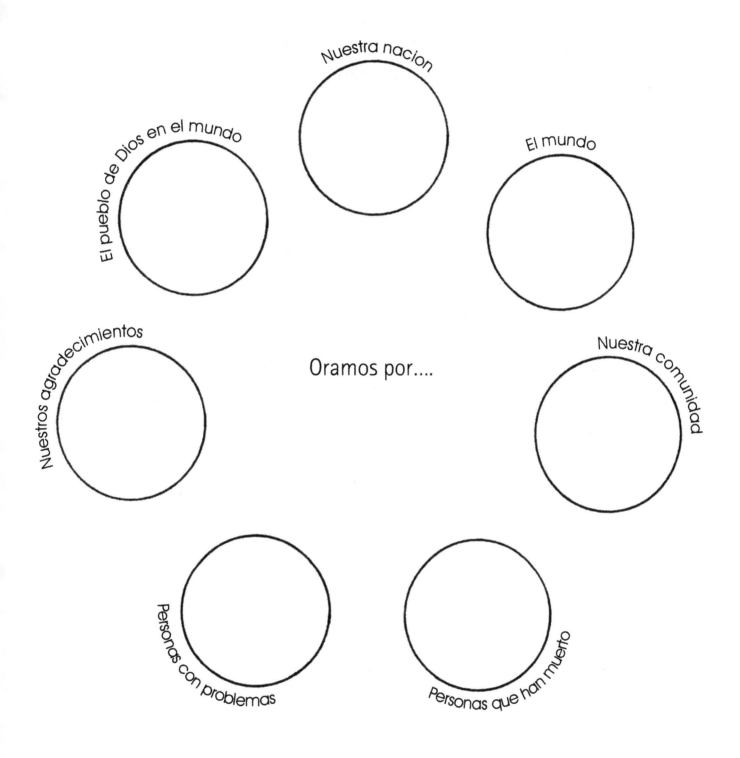

Nuestra nacion

El pueblo de Dios en el mundo

El mundo

Nuestros agradecimientos

Oramos por....

Nuestra comunidad

Personas con problemas

Personas que han muerto

Dibuja tus oraciones en cada círculo.

La Confesión

Durante la Confesión_____nuestros pecados. Le decimos a Dios que nos arrepentimos de cualquier daño que hemos causado. Le pedimos_____ a Dios. Dios promete siempre _____.

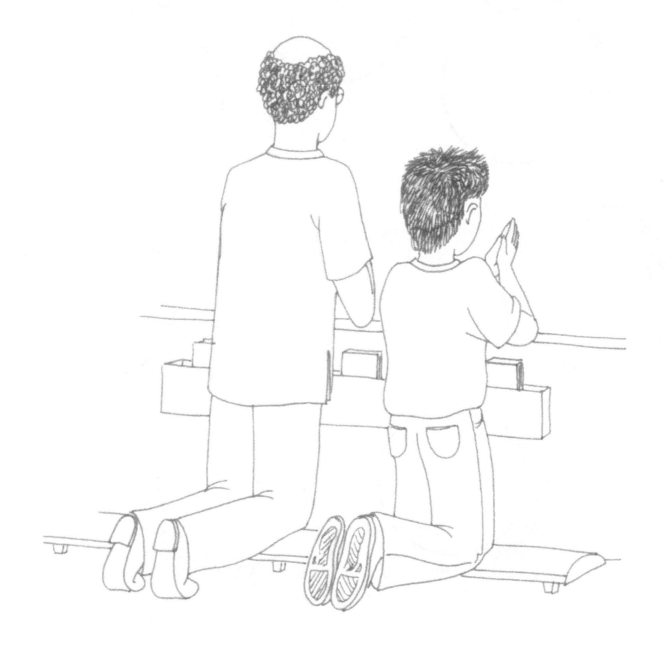

perdón   confesamos   perdonarnos

La Paz

Durante la Paz compartimos la paz de Dios con un abrazo
o un saludo de manos.

Dibuja más personas compartiendo la paz.

El Ofertorio

Le damos nuestras ofrendas a Dios

Dibuja algunas ofrendas o regalos que le quisieras dar a Dios.

La Gran Plegaria Eucarística

El o la sacerdote nos pide que juntos dirijamos nuestras oraciones sobre las ofrendas del_____ y del _____ y que ofrezcamos nuestras_____ más sinceras a Dios por todo.

gracias   pan   vino

Dibújate a ti mismo y a otras personas orando.

La Fracción del Pan

Colorea cada número para encontrar la imagen escondida.

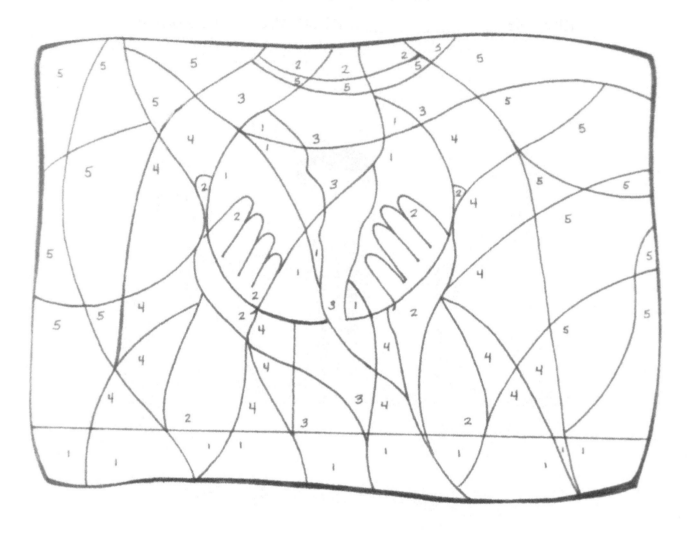

1 - amarillo   3 - azul   5 - rojo

2 - café   4 - verde

La Comunión

Recibimos el Cuerpo y la Sangre de Cristo

Dibuja el Pan del Cielo en las manos de cada persona.

La Bendición y la Despedida

Sigue el sendero para hacer el trabajo de Dios en el mundo.

Comienzo à

El calendario del Año Litúrgico de la Iglesia

En la Iglesia cada estación litúrgica tiene un color diferente.
Colorea las estaciones según la siguiente clave.

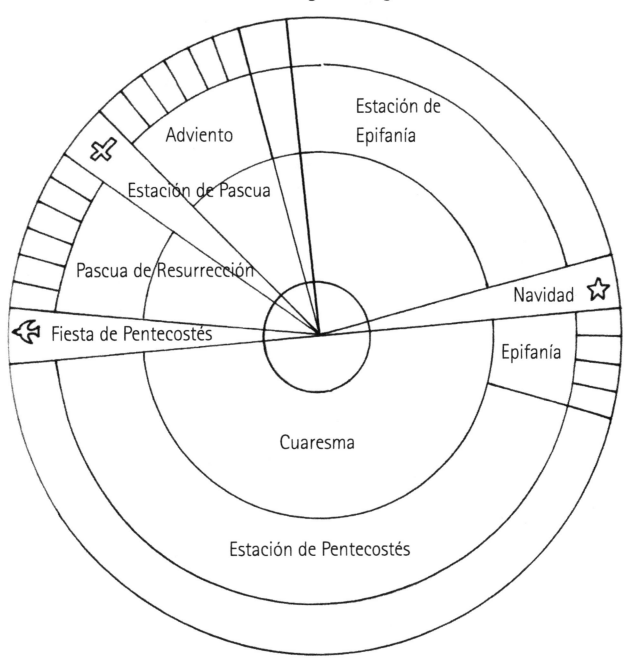

Verde = estación de Pentecostés y estación de Epifanía.
Morado o azul = Adviento
Oro o blanco = Navidad y Pascua de Resurrección
Rojo = Pentecostés
Morado = Cuaresma

El Adviento

Durante el Adviento, usamos el color_____ en la iglesia.
Adviento es un tiempo de espera del nacimiento de Jesús y de su retorno como Cristo Rey.

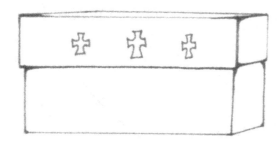 

Escribe los nombres debajo de los objetos y coloréalos del color de Adviento.

corona de Adviento   frontal del altar

colgaduras   casulla   estola

La Navidad

La estación de Navidad dura 12 días.
¿Puedes encontrar 12 ángeles en la escena navideña?

La Epifanía

El 6 de enero celebramos la fiesta de la Epifanía, cuando los Magos le trajeron regalos al Niño Jesús. (Mateo 2: 1-12).

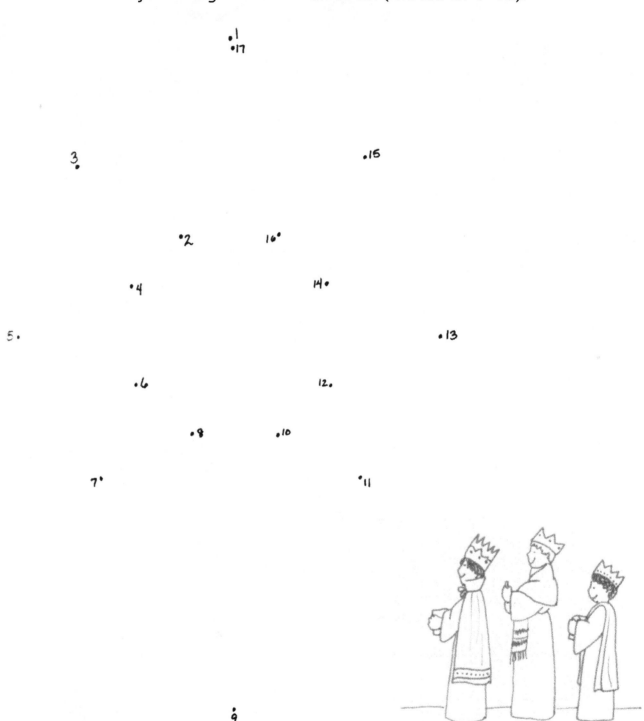

Conecta los puntos para encontrar lo que los Magos siguieron para encontrar a Jesús.

El Miércoles de Ceniza

El Miércoles de Ceniza es el comienzo de la _____.

En este día marcamos nuestras frentes con _____.

Esto nos recuerda que Dios creó al ser humano del _____ y que todas

las personas mueren. También nos recuerda que pertenecemos a

Él_____. El Miércoles de Ceniza es el día especial en que le

decimos a Dios que estamos arrepentidos de nuestros_____.

pecados   cenizas   Dios   Cuaresma   polvo

Dibuja una cruz en sus frentes.

La Cuaresma

Jesús estuvo en el desierto durante 40 días y fue tentado por Satanás. Durante los 40 días de Cuaresma nos preparamos para la Pascua.

Ayuda a la niña a encontrar el camino a través de la tierra salvaje que lleva al agua de la nueva vida.

La Cuaresma

La Cuaresma es un tiempo especial para orar, ayudar a los demás, y vivir con sencillez mientras nos preparamos para la Pascua.

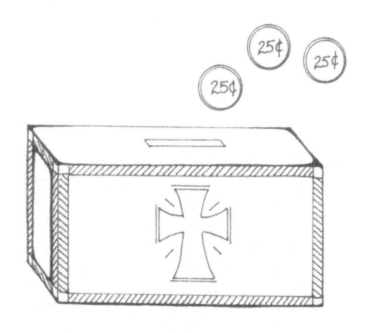

¿Cuántas monedas hay? _____
Cantidad total_____

Cuenta la cantidad de monedas que entran en la caja de ofrendas. Dibuja las monedas que te gustaría poner adentro.

La Semana Santa

Póngale un círculo a las palabras de la Semana Santa que tienen número en el crucigrama.

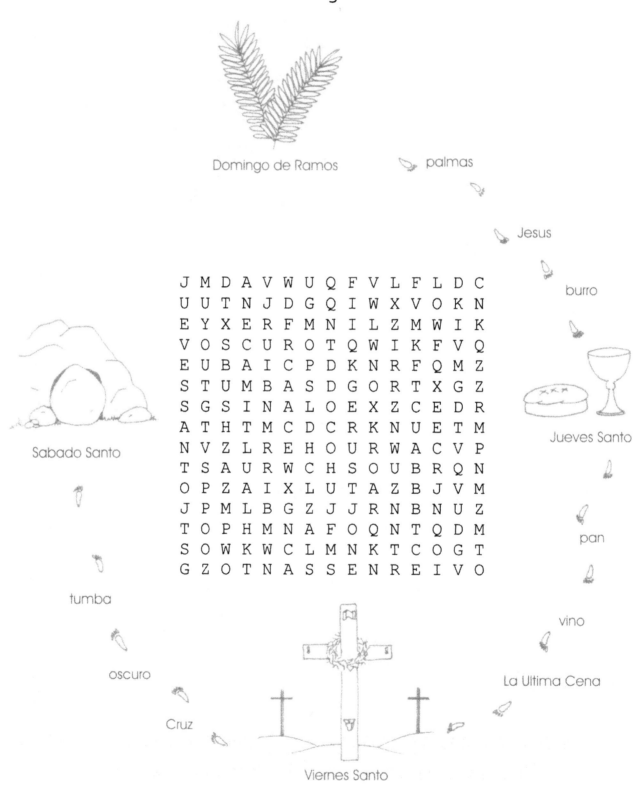

Domingo de Ramos

palmas

Jesus

burro

```
J  M  D  A  V  W  U  Q  F  V  L  F  L  D  C
U  U  T  N  J  D  G  Q  I  W  X  V  O  K  N
E  Y  X  E  R  F  M  N  I  L  Z  M  W  I  K
V  O  S  C  U  R  O  T  Q  W  I  K  F  V  Q
E  U  B  A  I  C  P  D  K  N  R  F  Q  M  Z
S  T  U  M  B  A  S  D  G  O  R  T  X  G  Z
S  G  S  I  N  A  L  O  E  X  Z  C  E  D  R
A  T  H  T  M  C  D  C  R  K  N  U  E  T  M
N  V  Z  L  R  E  H  O  U  R  W  A  C  V  P
T  S  A  U  R  W  C  H  S  O  U  B  R  Q  N
O  P  Z  A  I  X  L  U  T  A  Z  B  J  V  M
J  P  M  L  B  G  Z  J  J  R  N  B  N  U  Z
T  O  P  H  M  N  A  F  O  Q  N  T  Q  D  M
S  O  W  K  W  C  L  M  N  K  T  C  O  G  T
G  Z  O  T  N  A  S  S  E  N  R  E  I  V  O
```

Jueves Santo

Sabado Santo

pan

tumba

vino

oscuro

La Ultima Cena

Cruz

Viernes Santo

Llega la Pascua

En la Pascua vemos señales de nueva vida en la iglesia. Circula las cosas que han cambiado en el dibujo de la Pascua.

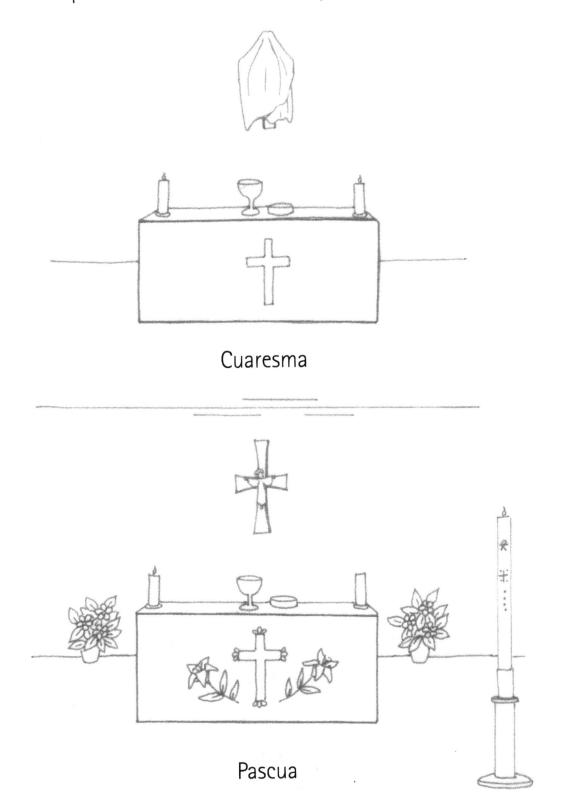

Cuaresma

Pascua

Cincuenta días de fiesta

Celebramos la Pascua durante cincuenta días gritando alegremente:
¡Aleluya! Colorea el estandarte de ¡Aleluya! con colores alegres.

Pentecostés

En la fiesta de Pentecostés celebramos haber recibido el don del_____.

El color que la iglesia utiliza es el_____, para recordarnos el _____, que es uno de los símbolos del Espíritu Santo.

rojo   Espíritu Santo   fuego

Colorea el frontal del altar y las vestiduras del color de Pentecostés.

Muchas personas asisten con la misa

Traza una línea de cada dibujo a la palabra o palabras que lo describe.

Lector

Acólito

Miembro del coro.

Ministro eucarístico

Ministro

Póngale un círculo a lo que a ti te gustaría hacer en la iglesia.

Los Acólitos

Un o una acólito se viste con
un alba o una sotana y una sobrepelliz.

El alba es blanca.
La sobrepelliz es blanca.

Una sotana puede ser de cualquier
color; con frecuencia es roja o negra.
Un cíngulo es un cinturón.

¿Con qué se visten los acólitos de tu iglesia?
Colorea el o la acólito. Dibuja el retrato de un acólito de tu iglesia.

El diácono o la diacona

Colorea al diácono y a la diacona.

Se coloca la estola sobre
el hombro izquierdo.

Un diácono o una diacona
se viste con
un alba.

una dalmática
sobre el alba.

El alba es blanca; la estola y
la dalmática son del color
de la estación litúrgica.

El sacerdote o la sacerdote

Colorea al sacerdote

El o la sacerdote
se vista con un alba.

Se coloca una estola
sobre los hombros.

una casulla sobre el alba.

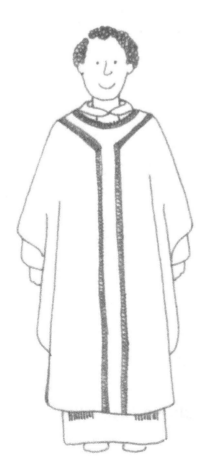

El alba es blanca; la estola y la casulla
son del color de la estación litúrgica.

El o la obispo

Un o una obispo se viste con un alba

una estola
una mitra
(un sombrero
alto)

una capa pluvial
(un manto largo
o capa).

Escribe los nombres de las vestiduras en las líneas.

Yo

¿Con qué ropa me visto para ir a la iglesia? Dibuja un retrato de ti, vestido con la ropa favorita que vistes para ir a la iglesia.

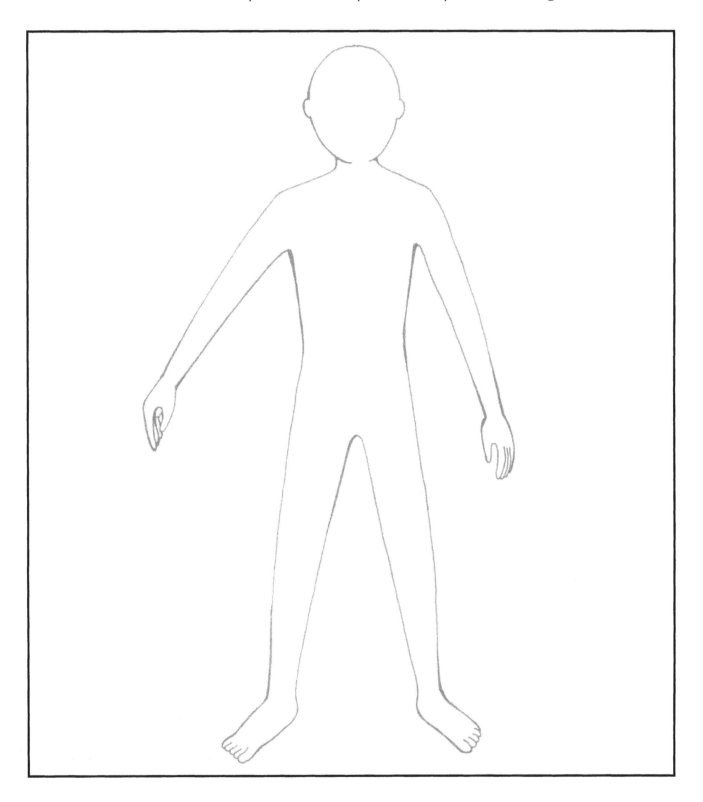

Yo

Adoramos con nuestros sentidos

¿Durante la misa qué puedes . . . ?

Ver   Oír   Oler

Coloca los dibujos en la columna o columnas donde crees que pertenecen.
Dibuja otras cosas que observes con tus sentidos durante la misa.

Adoramos con nuestros cuerpos

Nos ponemos de pie para cantar o para proclamar.
Nos sentamos para escuchar. Nos ponemos de pie o nos arrodillamos
para orar.

La Procesión

Las Lecturas

El Evangelio

El Sermón

El Credo

La Confesión

Las Oraciones de los Fieles

La Gran Plegaria

Traza una línea de la parte de la misa al dibujo de lo que te gustaría hacer.

Los vasos sagrados

Cuando celebramos la Eucaristía, celebramos una cena muy especial.
Usamos nuestros mejores platos para honrar a Cristo.
Decora el cáliz (la copa) y la patena (el plato)

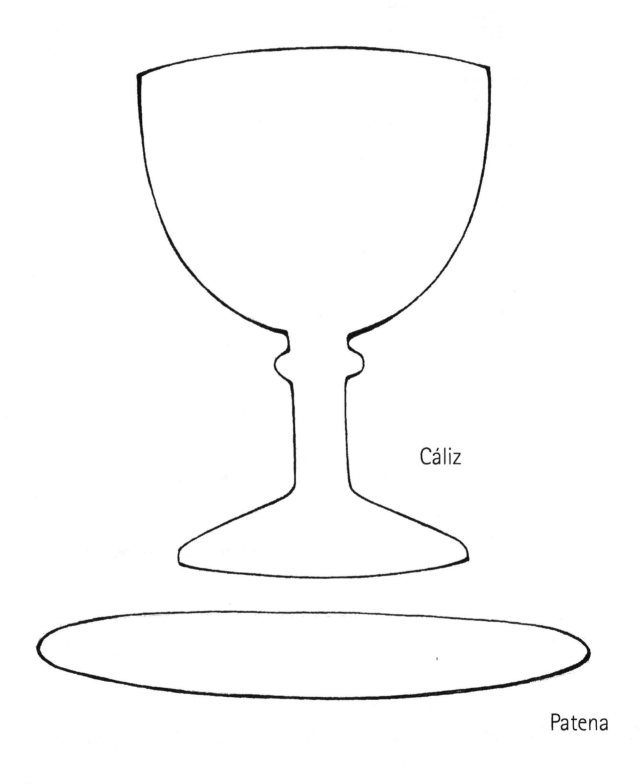

Cáliz

Patena

Preparar el altar

Dibuja en el altar cada uno de estos artículos.

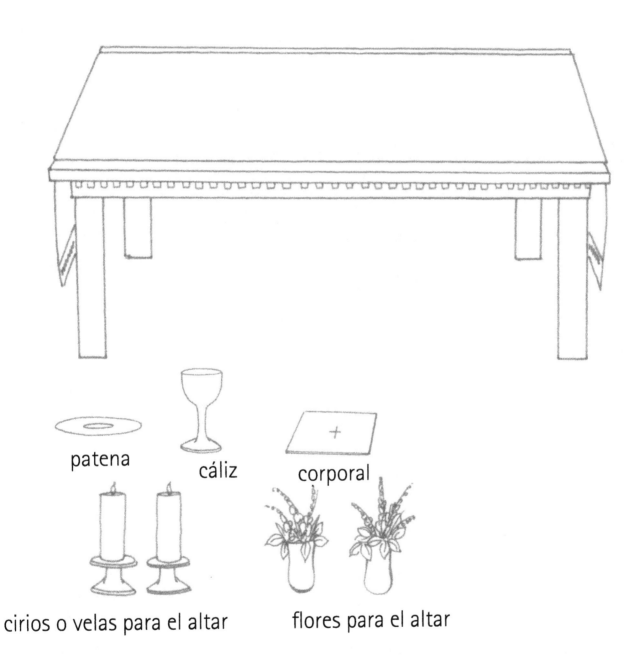

patena

cáliz

corporal

cirios o velas para el altar

flores para el altar

La Trinidad

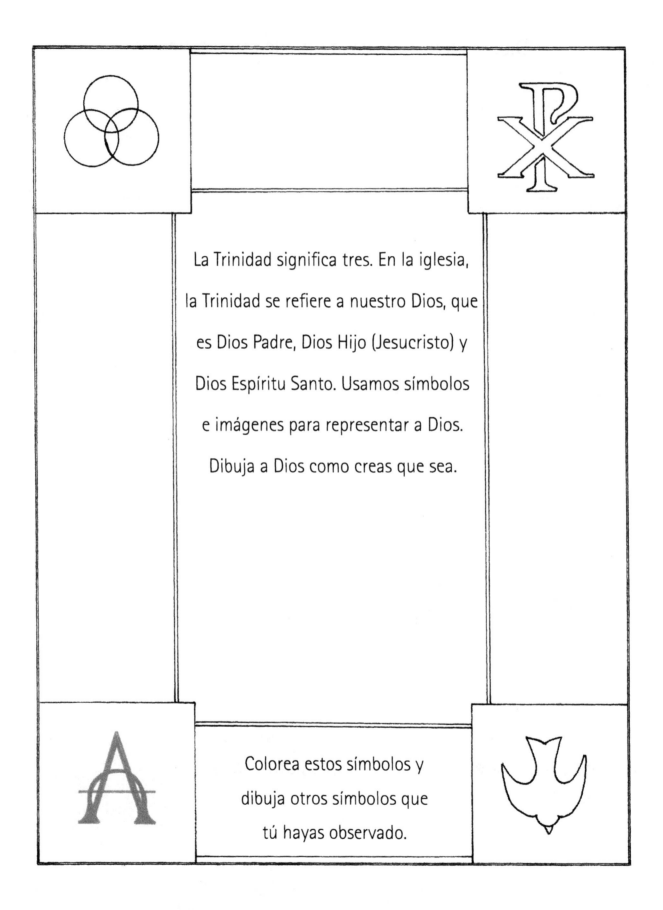

La Trinidad significa tres. En la iglesia,
la Trinidad se refiere a nuestro Dios, que
es Dios Padre, Dios Hijo (Jesucristo) y
Dios Espíritu Santo. Usamos símbolos
e imágenes para representar a Dios.
Dibuja a Dios como creas que sea.

Colorea estos símbolos y
dibuja otros símbolos que
tú hayas observado.

Notas para los padres y otros educadores cristianos

Al reunirnos para la misa, celebramos el hecho de pertenecer al Cuerpo de Cristo, la Iglesia. Lo que hacemos en la Iglesia se inicia con tres actividades que recuerdan tanto a niños como a adultos que la Iglesia no es un edificio, sino una comunidad de creyentes. Recibimos a la gente en el Cuerpo de Cristo a través del bautismo, alimentamos nuestra vida espiritual en Cristo mediante la Comunión, y continuamos viviendo como miembros del Cuerpo de Cristo en nuestra vida ordinaria. En cuanto a ser cristianos, lo que hacemos en la iglesia manifiesta que somos la Iglesia.

Primera parte: La Misa Dominical

El primer conjunto de actividades, de la página 8 a la 22, guia a los niños a través de la celebración de la Eucaristía, siguiendo un modelo particular. La Eucaristía se divide en dos partes principales: la primera es la Liturgia de la Palabra (de Dios), en la cual nos congregamos para escuchar la historia de Dios y la proclamación de las Buenas Noticias de Jesucristo. La segunda es la Liturgia del Altar (la Santa Comunión), en la cual nos preparamos para recibir el sacramento del cuerpo y la sangre de Cristo. Si usted sigue el culto en el Libro de Oración Común, tome nota sobre las rúbricas (esas letritas en cursivo), que explican lo que va sucediendo durante la liturgia.

De la página 9 a la 17 muestran el orden de la Liturgia de la Palabra. Empieza con el rito de entrada, que frecuentemente incluye una procesión, luego el Cántico de Alabanza (normalmente la Gloria in excelsis o Señor ten piedad), y la oración de apertura, llamada la Colecta del Día. Luego, siguen las lecturas tomadas de la Biblia; la última es la lectura del Evangelio. La proclamación de la Palabra continúa con el Sermón, el Credo, las Oraciones de los Fieles, la Confesión de los Pecados y la Paz.

Las páginas que van desde18 a la 22 se centran en la Liturgia del Altar. Esta parte de la misa comienza con el Ofertorio, en el cual ofrecemos a Dios nuestros dones que incluyen el pan y el vino para la Santa Comunión y las ofrendas de dinero, así como los himnos de alabanza a Dios. La palabra "Eucaristía" significa "acción de gracias", así la oración que se dice sobre el pan y el vino se llama "La Gran Plegaria Eucarística". Es a través de las oraciones de la comunidad congregada, presidida por el o la celebrante (sacerdote u obispo), y el poder del Espíritu Santo que el pan y el vino son bendecidos y se convierten para nosotros en el sacramente del Cuerpo y la Sangre de Cristo. Luego el o la celebrante parte el pan consagrado. Este acto se llama "fracción", porque el pan se parte o fractura. Es un acto simbólico muy importante que nos recuerda que el cuerpo de Cristo fue partido por nosotros, y que cuando cada uno toma un trocito del pan fraccionado, compartimos el mismo pan y el mismo cuerpo. Por fin, el pueblo recibe la Comunión y da gracias a Dios. El acto final de la Eucaristía consiste en enviar a los congregados al mundo y a la vida diaria. La misa no termina cuando se recibe el sacramento, sino cuando somos enviados para que seamos representantes de Cristo en todo el mundo.

Segunda parte: El Año Litúrgico

Las actividades que van de la página 23 a las 33 muestran a los niños las estaciones del Año Litúrgico. Realmente, el Año Litúrgico consiste de dos grandes fiestas: la Pascua de Resurrección, una fiesta "movible", es decir, que cambia de año en año, y Navidad, que se celebra siempre el 25 de diciembre. La Pascua de Resurrección se celebra siempre el primer domingo después de luna llena que cae en o después del 21 de marzo. Basados en esas dos fiestas, el Año Litúrgico se divide en estas estaciones: Adviento, Navidad, Epifanía, Cuaresma, Pascua, y Pentecostés.

El Adviento marca el inicio del Año Eclesiástico. "Adviento" significa "venida"; el primer domingo de Adviento es el primero de cuatro domingos antes de la Navidad. Durante el Adviento esperamos el nacimiento de Cristo y anticipamos su segunda venida. El color normal del Adviento es morado (que muestra la realeza) o azul (que indica paz). Celebramos la Navidad durante 12 días, desde el 25 de diciembre al 6 de enero. El color apropiado para la Navidad es blanco o dorado. El 6 de enero se celebra la fiesta de la Epifanía, cuando celebramos la visita de los Magos al Niño Jesús. El color para esta fiesta es blanco, pero en los domingos que siguen a la Epifanía se usa el verde. La estación de la Epifanía tiene una extensión de seis a nueve semanas y va desde el 6 de enero hasta el Miércoles de Ceniza.

El Miércoles de Ceniza da comienzo a la Cuaresma. La Cuaresma comprende cuarenta días antes de la Pascua de Resurrección y es un tiempo dedicado al ayuno y a la preparación de la gran celebración de la Pascua. Los cuarenta días representan los que Jesús dedicó al ayuno en el desierto al inicio de su ministerio. Los cinco domingos de la Cuaresma no se consideran días de ayuno y no se cuentan entre los cuarenta días. El color tradicional de la Cuaresma es morado (que indica realeza y penitencia), pero algunas iglesias usan vestimentas de lino natural sin color (para simbolizar la sencillez). La Cuaresma termina al inicio de la Semana Santa: Domingo de Ramos, Jueves Santo, Viernes Santo y Sábado Santo. El color de la Semana Santa es rojo.

La estación de la Pascua se inicia con la Vigilia Pascual seguido por el Día de Pascua o el Domingo de Resurrección. Celebramos la Pascua durante cincuenta días –llamado los Gran Cincuenta Días– hasta llegar a la Fiesta de Pentecostés. Pasados los cuarenta días de Pascua se celebra la fiesta de la Ascensión, cuando el Cristo resucitado ascendió al Cielo. El color propio de la Pascua es blanco o dorado.

La Fiesta de Pentecostés es el último día de la estación de la Pascua. Celebramos la venida del Espíritu Santo y el inicio de la Iglesia. El color propio de la fiesta de Pentecostés es rojo (indicando fuego y el Espíritu Santo). Los domingos después de Pentecostés hasta el Adviento se llaman la Estación Después de Pentecostés. El color que se usa durante este tiempo es el verde, para indicar crecimiento y una vida nueva.

Tercera parte: El Pueblo y la Adoración
Las actividades incluidas en las páginas de la 34 a la 39 presentan a los niños al pueblo que observan y escuchan durante la celebración de la Eucaristía. La celebración de la Eucaristía Dominical invita a la participación de muchas personas en distintas maneras. Entre los que sus niños podrán observar están los miembros de la congregación, los ujieres y acólitos, los lectores y ministros del cáliz, y los diáconos y sacerdotes. Todos nos unimos en alabanza y adoración a Dios. Con su niño o niña, observe quiénes están participando y trate de identificar quién tiene parte en la misa para que la adoración sea una experiencia bella y significativa. ¿Qué funciones ejercen los niños? Aproveche la oportunidad para presentar a su niña o niño a algunas personas de las que participan, ya sea antes o después de la misa. Puede que su niño o niña les quiera preguntar algo sobre la función que ejercieron.

Cuarta parte: Adoramos a Dios con Nuestros Sentidos
Las actividades que van de la página 40 a la 44 mostrarán a los niños cómo adoramos con los sentidos. En la tradición anglicana, somos intencionales acerca de la función que ejerce nuestro cuerpo cuándo nos sentamos, estamos de pie, o nos arrodillamos. Adoramos con nuestras voces en la oración y con cánticos, con los oídos mediante la música y las voces, con los ojos a través de los símbolos y la belleza visual. Incluso usamos el sentido del olfato con el perfume de las flores y el olor del incienso. La belleza de nuestros templos y de nuestra adoración honra a Dios y nos conducen a apreciar la gloria divina. La mayoría de los templos están llenos de símbolos que nos invitan a la adoración y nos enseñan algo sobre Dios. Alguna vez, antes de comenzar la adoración, dé un paseo por el templo con su niña o niño. ¿Qué es lo que ustedes ven, oyen, o huelen? ¿Hay vidrieras? ¿Qué historias representan? ¿Hay símbolos cristianos sobre los reclinatorios, los muebles, o las colgaduras litúrgicas? ¿Qué representan? ¿Hay memoriales que recuerden historias de la congregación y las de sus miembros? Todos estos elementos testifican de la gloria de Dios y realzan la riqueza de nuestra adoración.

Glosario

Acólito: alguien que asiste en la misa ayudando en lo relacionado al altar. También recibe el nombre de monaguillo.

Alba: una túnica o vestido blanco usado por laicos y personas ordenadas cuando dirigen o asisten en la misa.

Aleluya: una palabra de alabanza que ha sido usada por la Iglesia desde tiempo primitivo. Proviene de la palabra hebrea Hallelujah, que significa, "alaben al Señor".

Caja de óbolos: una caja pequeña que se usa para recoger monedas para un ministerio específico. Estas cajas las utilizan los jóvenes durante el Adviento o la Cuaresma. El óbolo es a menudo una moneda de poco valor, como un centavo. La tradición de recoger óbolos se basa en la historia de El óbolo de la viuda (Marcos 12:41- 44).

Cáliz: una copa grande, normalmente de plata, pero a veces de barro, usada para el vino durante la Comunión.

Capa pluvial: una vistosa vestidura en forma de capa que usan los sacerdotes u obispos en procesiones y en ocasiones importantes.

Casulla: una vestidura oval larga sin mangas que viste los sacerdotes cuando celebran la Eucaristía. Se acostumbra usar el color de la estación del Año Litúrgico.

Celebrante: los sacerdotes u obispos que dirigen o celebran la Eucaristía.

Cíngulo: una cinta de tela que se usa con la sotana. Puede referirse también al cordón que se usa para sujetar el alba.

Cirio Pascual: es una vela grande decorada que se enciende en la Vigilia Pascual y permanece encendida durante los Gran Cincuenta Días. Simboliza que Cristo es la luz del mundo. Después de la Estación Pascual se enciende durante los bautismos y funerales para recordarnos al Cristo Resucitado.

Colgaduras: cintas de tela decoradas que cuelgan del ambón o púlpito y del color de la estación litúrgica.

Coro: un grupo de personas que ayudan en la adoración dirigiendo la música. La palabra también puede referirse al lugar donde se coloca el coro de cantores.

Corporal: una tela de lino cuadrada que se coloca sobre el altar y sobre la cual se ponen el cáliz y la patena para la Oración de Consagración.

Cota: vestidura blanca, con mangas anchas, y que se pone sobre la sotana. La usan algunos que ayudan en la liturgia, como los miembros del coro o acólitos. Es más corta que la sobrepelliz.

Credo: un documento que expresa la fe de la Iglesia. La Iglesia usa dos credos en la adoración: el Credo Niceno y el Credo de los Apóstoles.

Crucífero: un acólito que lleva la cruz en la procesión.

Dalmática: una vestidura rectangular de mangas anchas que visten sobre el alba los diáconos en la liturgia.

Despedida: una frase que envía al pueblo fuera del templo, dicha por los diáconos o el celebrante al final de la misa. El pueblo responde: "Demos gracias a Dios".

Diácono (Diacona): una persona ordenada cuya vocación es servir al pueblo y asistir a los obispos y sacerdotes durante la adoración.

Estola: cinta de tela, normalmente del color de la estación litúrgica que usan los sacerdotes u obispos, colgada sobre los hombros como señal de su oficio. Los diáconos la cuelgan del hombre izquierdo hasta la cintura donde la sujetan por la parte derecha.

Eucaristía: el servicio de la Santa Comunión, también llamado la Cena del Señor, la Liturgia Divina, y la Misa. La palabra "Eucaristía" proviene de la lengua griega y significa "acción de gracias".

Evangelio: una lectura de una de las cuatro narraciones de la vida y enseñanzas de Jesús contenidas en el Nuevo Testamento (los libros de Mateo, Marcos, Lucas y Juan). Durante la celebración de la Eucaristía, el Evangelio lo lee en voz alta uno de los clérigos, preferiblemente por un diácono. La palabra "Evangelio" significa "las Buenas Noticias."

Frontal: una tela decorativa que cuelga al frente del altar; suele estar decorada con símbolos cristianos. Su color es el de la estación del Año Litúrgico.

Gloria: el Gloria in excelsis, es un himno antiguo de alabanza que se canta al principio de la Eucaristía.

Gran Plegaria Eucarística: es la oración central de la Eucaristía que pronuncian los celebrantes y el pueblo sobre el pan y vino para consagrarlos. También se conoce como la Oración de Consagración o la Oración Eucarística.

Incensario: un recipiente usado para quemar incienso y que es llevado en la procesión. La persona que lleva el incensario se le conoce por el turiferario.

Laico: cualquier miembro de la iglesia bautizado. Todos los laicos son considerados ministros de la Iglesia y deben representar a Cristo juntamente con los ministros ordenados.

Lector: una persona que lee una o ambas lecturas antes del Evangelio.

Ministro Eucarístico: una persona laica que ayuda en la administración del cáliz con el vino consagrado durante la Comunión.

Mitra: un sombrero largo que usan los obispos como símbolo de su oficio.

Obispo: una persona ordenada al ministerio que es sacerdote y pastor principal de la diócesis.

Ofertorio: la parte de la liturgia en la cual la gente entrega sus ofrendas a Dios. Estas ofrendas incluyen el pan y el vino que se usan para la Comunión, el dinero, la música del coro, y nuestras oraciones de acción de gracias. Con el ofertorio se inicia la liturgia del altar.

Patena: un plato pequeño, con frecuencia de plata, pero a veces de barro o cristal, usado para el pan que será consagrado durante la Eucaristía.

Procesión: acción de ir al lugar apropiado de la iglesia realizada por aquellos que participan en la liturgia; por ejemplo, la procesión de entrada al principio de la misa o la procesión del Evangelio antes de la lectura del mismo.

Sacerdote: una persona ordenada al ministerio que preside en los sacramentos, especialmente en los de la Eucaristía y el bautismo, y es pastor principal de una congregación.

Sobrepelliz: vestidura blanca de lienzo fino, con mangas muy anchas, y larga hasta las rodillas que se pone sobre la sotana. La usan algunos que ayudan en la liturgia. La que usan los miembros del coro y acólitos suele llamarse "cota" y es más corta.

Sotana: vestidura talada, normalmente de color negro, pero a veces roja, morado, o azul, que visten los laicos y ministros ordenados cuando hacen de líderes o asisten a los obispos.

Para mayor información (en inglés)

Charles Mortimer Gilbert. *Words of Our Worship.* New York: Church Publishing, 1988.

Gretchen Wolff Pritchard. *Alleluia! Amen: The Sunday Paper's Communion Book for Children.* New Haven, CT: The Sunday Paper, 1984.

Vicki K. Black. *Welcome to the Church Year: An Introduction to the Seasons of the Episcopal Church.* Harrisburg, PA: Morehouse Publishing, 2004.